中职生家长这样做
——家教实战12招

让 家 长 理 解 教 育 系 列 丛 书

主编 陈刚

ECNUP 华东师范大学出版社

本系列丛书编委会

推荐序

我有幸拜读了嘉善县教育研究培训中心德育处组织编写的《让家长理解教育系列丛书》(下文均以“该丛书”称),颇受感动。我感动于嘉善县的教育工作者们致力于家庭教育的研究,感动于长久以来的坚持,更感动于把教育当成事业来经营。

人们常说,教育是项系统工程,家庭教育是一切教育的基础。蔡元培先生说过,“家庭是人生的第一学校”。家庭教育在孩子的成长乃至于一生都具有无可替代的独特作用。家长是孩子的第一任老师,也是最长久甚至终生的导师。

目前,家长们不同程度存在着缺乏科学的教育引领,守着陈旧、落后、错误的教育观念,重智育轻德育、重生理轻心理、重外显轻内省、重教而不会教的现象相当普遍,解决家庭教育实践中的问题和矛盾,已到刻不容缓的地步。中华全国妇女联合会的一份资料表明,我国有接近3/4的家长教育方法欠妥或有严重偏离,只有不过1/4的家庭教育比较科学。很多专家呼吁家长们不要以为教育孩子可以无师自通,应该通过不断学习树立正确的观念,掌握科学的教育方法。

正当家长们在矛盾困惑、束手无策,感叹越来越不了解自己的孩子之时,嘉善县教育研究培训中心德育处已经试图破解这样的难题,该丛书应运而生了。全书依据孩子的成长特点和身心发展规律,从婴幼儿教育、学前教育、小学教育、中学教育等各个学段的家长和教师关注的热点话题，采用古籍、经典名言导入，用故事导读、班主任寄语、心理导航、家教观点和亲子互动等板块阐述，读来既亲切又独特。从家庭教育理念到指导实践操作，字里行间渗透着编写者对教育对家庭教育本质的诠释，对家庭教育、对孩子们成长发展的关爱，秉承学校教育和家庭教育相结合的智慧，体现家庭教育观念与行为的思考与创新。

该丛书凝聚着编写者数十年来的教育教学的智慧结晶。我们不难发现，他们深切的人文情怀和踏实严谨的求实态度，通过一个个“故事导读”，诉说着家庭教育中的得失；通过“心理导航”，指导教师、家长观念的变革，营造着师生、亲子共同成长的“情感”场，让师生、家长、孩子在学习、生活中进行精神对话，享受在平等、民主、和谐的关系中构建关系，提升幸福！本丛书不仅在家庭教育中具有重要的应用价值，更具有提升生命质量、创造人生幸福的精神价值！

该丛书挖掘了中华民族优秀文化中的“家教、家风、家德”的精髓，借鉴了西方发达国家现代文明中独立人格、创新思维的精神，又根据当今社会对人才培养的要求以及家庭教育中遇到的带有普遍性的问题，以话题的形式展开，针对孩子不同年龄、不同学段的特点，精心设计了不同的家庭教育指导内容：包括行为习惯、学习适应、智能开发、情商培养、人际交往、道德礼仪、心理健康、青春期教育、职业规划、生活能力、社会性发展等等。本丛书的内容体现了家庭教育的传承性、开放性、时代性、针对性和延展性，相信一定会成为教师、家长的良师益友，成功引领孩子成长！

该丛书架起了学校教育和家庭教育的桥梁。旨在共同承担起促进孩子的健康成长，实现生命个体由自然人向社会人转化的责任。孩子的健康成长是社会发展和人的发展的双重需要，既是学校教育的目标，也是家庭幸福的重要内容。家庭和学校都要把引导和教育孩子树立志向、培养品德、掌握本领、锻炼体魄作为应尽的职责和义务，并把这种目标和任务体现在学校教育教学的全过程和各个环节，体现在家庭生活的方方面面和家长的言行中。家庭和学校要有协调一致的教育行为，家长和教师的教育行为和言传身教必须协调统一，使家庭和学校为共同的目标形成教育合力。

该丛书的出版，其价值已经超越了家庭教育的本身，是一项促进孩子生命健康成长的希望工程；是学校基础教育发展的奠基工程；是家庭和谐幸福的民心工程。对于指导教师和家长履行教育孩子的天职，促进学生成人、成才具有重要的现实意义和应用价值。

该丛书的语言通俗易懂，深入浅出，具有可读性；写作方式新颖独特，具有感染力；内容表达淳朴平实，简练实用，具有可操作性。本丛书的出版，不仅可以很好地为教师传播家庭教育理念提供依据，还可为家长们提供改变家庭教育观念，转变日常养育孩子的行为方式，建立平等和谐、亲密的亲子关系，提供具有操作性的教育范本。

热衷于家庭教育的教育工作者以及广大父母们：爱孩子是我们的责任，只有爱才能传递爱。一个心中有爱的孩子，他的品行就有了根基；一个有根基的人，他就能为别人带来幸福。要想做一位幸福成功的教育工作者和父母，就要能为孩子创造成功与幸福；要培养孩子健康人格，首先自己应是一个具有人格魅力的人。愿我们以学习的心态，以健全独特的人格魅力与孩子一起成长！

朱仁宝

2015.7.1 于杭州

序

托起明天的太阳

孩子，是未来的希望，是明天的太阳。

记得苏联著名教育学家苏霍姆林斯基在《给教师的一百个建议》中曾把儿童比作一块大理石，他说，把这块大理石塑造成一座雕像需要六位雕塑家：家庭、学校、儿童所在的集体、儿童本人、书籍和偶然出现的因素。

可见，家庭教育对孩子的重要性不言而喻，一个人无论走到哪里，走多远，都会带着原生家庭深深的烙印，良好的家庭教育是孩子成长的加油站；不良的家庭教育将会阻碍孩子的发展，影响孩子的幸福。而学校显然是居于家庭之后的重要因素，如果说家庭教育是孩子成长的人生底色的话，那么学校教育就是浓墨重彩的一笔，对孩子的成长将起到助力作用。所以，家庭教育和学校教育要有机结合在一起才能实现双赢，更加有利于孩子的发展。

我们一直在思考，如果家长有一定的家庭教育意识，具备一定的家庭教育指导能力，并且能够落实到行为上，家长可以很好地担负起孩子的家庭教育任务。那么，孩子置身其中将越来越美好。

而这样良好的局面显然是令人向往的。

那么，能否让学校、班主任和教师担负一定的提升家长家庭教育素养的责任呢？因为在孩子成长的过程中，孩子的老师无疑是接触家长比较多的群体，而且在家长的心目中是以专家的形象出现，具有很强的权威性，是传播家庭教育理念和做法的理想群体。

2014年，这样的机会终于慢慢趋于成熟。全县掀起了关注家庭教育的热潮，县妇联争取到了家庭教育全国现场会的机会，需要开发家庭教育读本为现场会增亮，县教育局领导把这个艰巨的任务交给了教育研究培训中心，起初只想开发一个学段，但我们在深入了解和学习的过程中，发现我县在家庭教育文本上是空白的，许多教师也知道光靠学校教育无疑孤掌难鸣，迫切想与家长形成教育合力，苦于没有现成的教材或文本，开个家长会找素材也比较困难。很多人口头上重视家庭教育，真正具备这方面意识的人很少。所以，文本的开发变得非常需要。经过仔细斟酌，从系统化和科学化的角度出发，开发了0—18岁的家庭教育系列丛书。

于是，县研训中心德育处在全县范围内找寻合适的资深班主任和骨干心理健康教师，组建了早教、幼儿园、小学、初中、高中和中职等学段的撰写小组，设立小组长和组员着手撰写工作，另外还设立了美工组具体负责美工设计和排版。

从最初的制定大纲入手，从儿童发展心理学的角度出发，寻找适合孩子成长的、家长关注的热点话题，早教定位经典活动，具有很强的操作性；另外学段每个话题均寻找古籍中的家教观点导入，分别有“故事导读”、“班主任寄语”、“心理导航”、“家教观点”以及“亲子互动”等板块，既有理论支撑，又有发生在身边的成功或失败引人深思的案例；既有教师的循循善诱，又有亲子互动的可行性建议等，旨在让家长理解教育，让教师很好地指导家庭教育，结成教育同盟军，共同完成教育的重任。

本套系列丛书从孩子0岁开始，到18岁完成基础教育，全程关注孩子的健康成长，许多话题体现了教育的梯度和螺旋上升的科学性，比如阅读的话题，从最初营造阅读的环境，到培养阅读的兴趣，然后养成阅读的习惯，慢慢形成阅读的能力，分布于不同的学段，体现了教育的延展性和期望性。

我们希望，严父慈母，子女孝顺，家庭温暖，孩子发展潜力无穷，这样美好的家庭比比皆是；老师和家长共话教育的热点话题，这样温馨的局面天天出现。

孩子，是我们的明天，具有无限的发展可能，是学校的重中之重，是每个家长心中光芒四射的太阳。学校和家庭共同呵护，让孩子健康成长，才是我们不变的期盼。让家校真正形成合力，共同托起明天的“太阳”！

嘉善县家庭教育丛书开发团队

2015年6月

引 言

儿童发展心理学告诉我们中职学生属于青年初期，是学生身心发展最迅速、最旺盛、最关键的时期，也是各年龄发展阶段的最佳时期，又称为人生的“黄金时代”。

由于青年初期心理发展的优势和各种矛盾的相互影响、相互作用，使得中职生的心理发展具备以下特点：

在智能方面，中职生的思维能力发展很迅速。主要表现在推理能力已达到成熟水平，但辩证推理尚未完全成熟。由于经验不足，他们往往变为有成见与不客观的思考者，喜欢与人作不成熟的辩论，对各种抽象的原则（如：公平、正义、牺牲、忠心等）常会做出不成熟的批判。

在自我意识方面，水平有多方面提高。譬如自我评价水平，开始愈来愈多地从具体评价转向抽象评价。初中时能注意到自己的生理发育状况或某些行为特点，到中职阶段更多的是寻找自己的个性特征。有些学生不仅不断改善自己的身体素质，还会注意自己心理素质的完善。

在情绪方面，明显不同于儿童期的外露、易变、冲动、肤浅等特点。常处于一种莫名的烦恼中，情绪较容易激动，不能理智地控制。由各种不适应造成的内在紧张状态，引起各不相同的行为。此时女生常爱哭泣，男生常表示忧郁的沉默、冷淡、暴怒，故意损毁东西，歇斯底里，心情沮丧等。此时的行为都伴有情绪色彩，他们自己的思想、文字和行动都有一种情绪的基础，并认为别人的态度或行动也有情绪的意义。他们渴望得到别人的认可、赞许和亲近，希望受到别人的注意，但却表示出躲避或憎恨别人注意的态度，似乎不屑一顾，故意装出对别人的注意漠不关心的样子，因为他们害怕所期望的注意不能实现。

在精神需求方面，中职生开始向高层次发展，各项兴趣、爱好很少单纯地作为游戏、闲玩，而是有目的地追求，由直接兴趣向间接兴趣过渡。如：阅读方面，对科技书、哲理书、修养书等有了兴趣，他们也意识到自己对家庭、社会今后负有的责任，能理解和领会一些学习活动本身的社会价值。

在社会行为方面，亲子关系逐渐松懈。其所接触的范围，由家庭发展到社会，此时他们对家庭生活渐感单调，父母的约束也失去效力，在价值观上与父辈出现不同的认识。他们常常愿意参加一两个兴趣相投的团体，如择友得当，可形成各种社会品格，反之就非常危险。有些过度受保护的学生，他们渴望独立自主，有时急于谋求独立自主，甚至对忠告公然反抗，或采取极端的行为。他们对同性朋友，能互诉衷肠，毫不保留；对于异性交往发生兴趣。在此时期，女生特别注意自己的外貌与形态，并表现出温柔、懦弱、胆怯，变得特别女性化；男生则呈现男性化，乐于展现他们的勇敢、有力与刚毅。男女双方对浪漫的谈话、文学电影特别感兴趣，他们都设法去追求异性朋友，并憧憬未来家庭生活的美梦。

根据中职生身心发展的特点，我们的家长在给孩子提供温馨成长环境的同时应培养孩子的自立能力，让孩子参与到家庭的各项事务中去。平时多与孩子沟通，知道孩子的所思所想，讲讲自己工作上的事情，让孩子了解创业的艰辛，生活的不易，从而懂得关爱和付出。此外，对孩子进行科学的教育引导，多与学校沟通，适时地关注孩子的学习、生活、善于发现孩子的进步，适当地给予表扬。鼓励并引导孩子积极地发展自己的人际关系，努力使其成为一个独立的、自主的社会人。

目 录

第一章
适应与调整

第一节
认识职业教育

《论语·子张》中说："百工居肆以成其事，君子学以致其道。"技能和学习是分不开的，每个人都需要有一技之长。职业教育的目的是培养应用型人才和具有一定文化水平、专业知识技能的劳动者。

故事导读

仲丽杰，2005年就读于嘉善县职业中等专业学校（以下简称“嘉善中专”）数控专业的2+2班级（与上海市工业技术学校联办，嘉善读两年，上海读两年），2009年毕业于上海市工业技术学校数控专业，现在读上海电机学院“机电一体化”专业。2009年在上海市信息技术学校参加工作，担任数控车床专业的实训指导教师，2010年获得“数控机床工技师”职业资格。曾获得第一届全国职业院校技能大赛数控车金牌、第三届全国数控技能大赛第七名、第三届上海市“星光计划”数控车实操第一名、第四届全国数控技能大赛数控车的教师组第七名。2012年3月，回到母校嘉善中专工作，担任数控车实训指导教师，期间带领学生获得了2012年浙江省技能大赛金牌，2012年全国职业院校技能大赛银牌。

座右铭：成功在于勤奋！

班主任寄语

仲丽杰，从一个普通的中职生变成了一个不普通的职校毕业生，最后成为一名出色的专业技能教师，说明职业教育同样也能出人才，而当今“工学结合、校企合作、顶岗实习”的教育模式，成了我国职业学校，尤其是中职学校毕业生就业率高的秘诀。所以，让您的孩子进入职业学校取得一技之长是您明智的选择。

心理导航

人本主义心理学认为，我们应该特别强调人的正面本质和价值，强调人的成长和发展，即自我实现，而并非集中于人的问题行为。我们的

职业教育亦是如此，职业教育的本质至少应该包含四个方面：一是以人为本，二是因材施教，三是科学管理，四是文化塑造。作为一名学生，选择适合自己的教育是实现自我的首要前提，正所谓，适合自己的才是最好的。同时，加德纳的多元智能理论认为我们每个人都拥有八种主要智能：语言智能、逻辑—数理智能、空间智能、运动智能、音乐智能、人际交往智能、内省智能、自然观察智能。每个人都会在某一种或某几种智能上表现突出，这些就被称为“优势智能”，这就形成了我们人与人之间智能类型与智力结构之间的不同。所以我们家长一定要帮助孩子尽量发挥出孩子的优势智能。

家教观点

1. 职业选择是人生最重要的选择之一。这不仅因为职业生涯占据了人生最宝贵的时间，而且因为在职业岗位上所取得的成就能体现一个人一生的主要创造，是人生价值的主要体现。从这种意义上说，选择职业就是选择自己的未来。

2. 职校生和普教生的区别只在于智力类型和智能结构的不同，而没有智力高低的区分。职业学校学生绝不是差生的代名词，考不上普高和大学也不意味着不能成才。

3. 社会实践活动是认识职业教育的有效途径。通过社会实践活动，孩子可以更多地了解社会、认识社会，从而加深对职业教育的认识。

亲子互动

如何引导中职学生正确认识职业教育呢？

1. 中职学校一般设有多个专业，如：财会类、机电类、服务类等。在入学前，家长和孩子最好先对有意向的几个专业进行了解，然后再结合自身的兴趣、长处以及将来择业的志向来选定所学专业。

2. 职校的学生比普高的学生更早地接触专业技能的学习，从某种意义上来说是一种优势。初中学习成绩不佳的孩子将来也可能成为某个领域的能工巧匠，关键是在进入专业学习时要鼓励孩子确定目标，并且坚定地走下去。

3. 社会实践活动是多种多样的，学校、社区会在假期里组织一些活动，如：文化艺术类、技能竞技类、劳动服务类等，家长可以鼓励孩子积极参加。另外，也可以让孩子参加一些适合自己的社会实践活动，如：暑期打工、义务劳动等。

第二节
让孩子顺利适应中专生活

比尔·盖茨曾说:“生活是不公平的,你要去适应它。”对于刚迈进中职学校校门的学生来讲,入学后所面临的首要问题就是适应,只有在短期内尽快调整好自己的心态,转变个人的角色,才能为今后的学校生活奠定良好基础,才能成功地度过职校的学习阶段。

故事导读

谢一鹏，中考以六分之差没考上普高，家里一致决定选择就读职业学校学习专业技能。刚进校时，他既不甘心又不自信，总觉得自己很失败、很丢脸，对学习提不起劲。后来，经过老师的引导和鼓励，家人的关爱以及同学的支持，原本就比较优秀的他，恢复了自信，找回了自我，积极地面对职校的学习和生活，当上了班长，拿到了奖学金，在县级朗诵比赛中一举夺魁，担当了两年的校元旦文艺演出主持人，成为家长、老师的骄傲，同学们学习的榜样。

班主任寄语

很多孩子在角色转变时多多少少会碰到一些不适应的问题，现实与理想之间的反差可能会在很长一段时间里困扰他们，使他们在生活、学习、心理上都不适应。但是，我们相信，在老师和家长的关心、爱护下，适时调整自己的心态，情况一定会好转的。谢一鹏的成功转变告诉我们：只要正确认识自己、建立良好的人际关系就能安心学习、健康成长。

心理导航

心理学认为一个健康的社会人，有如下六种心理机制需要建立：① 自知—达观：人贵有自知之明。② 进取—目标：人要有生活目标，立定志向，塑造未来。③ 兴趣—选择：要根据自身潜能去选择目标。兴趣常常与潜在能力有关，选择有兴趣的目标，可以使人在工作进程中主观上感觉更顺畅、少阻力，而且对所从事的事业有享受感，视为人生一大乐趣。④ 紧张释放：一定的压力使人觉得现实与目标有距离，需

要努力，促使人释放出能量，但压力过大则会使人产生紧张，而紧张则需要得到释放。⑤ 理性思考：青少年已经建立了自我同一性，思考方式应从感性思考逐渐向理性思考转变。⑥ 沟通交流：能与家人、朋友说心里话。朋友、亲人之间的交流沟通，是愉快的事，更是疏解烦恼的渠道。家长应从这几个方面来帮助孩子获得健康的情绪，更快适应自己的中职生活。

家教观点

1. 良好的心理品质是孩子适应中职校生活的重要因素。中等职业学校德育目标第七条的要求是，使学生“具有健全的人格和良好的心理品质，正确认识自我，增强自信心，乐观向上，学会合作与竞争，提高应对挫折、匹配职业、适应社会的能力”。这样看来，健全的人格和良好的心理品质是孩子将来职业生涯取得成功的基石。

2. 良好的人际关系是孩子适应中职校生活的关键因素。良好的人际关系有助于孩子的身心健康发展，有助于孩子专业技能的学习和将来顺利融入社会。

3. 家长的关心、爱护是孩子适应中职校生活的保障。家庭的支持是孩子力量的来源，有助于使孩子克服困难、走向成功。

亲子互动

如何帮助孩子适应中职校的生活呢？

1. 帮助孩子适应新环境首先要培养孩子的生活自理能力和良好的生活习惯，引导孩子处理好自己的日常生活琐事，如：吃饭、打水、洗衣服等，安排好自己的作息时间。

2. 要求孩子在班里主动关心他人，在宿舍里互相礼让，与同学交往过程中不要以个人的喜恶来要求他人，将自己融入集体之中。同时，与老师的关系融洽，会更好地促进自己的学习和生活。

3. 给孩子一个空间，让他自己安排自己的东西；给孩子一些时间，让他自己支配做什么；给孩子一个权力，让他自己做出判断和决定；给孩子一个拥抱，让他感受父母的爱；给孩子一句暖心的话语，让他有学习的动力。

第三节 培养孩子的专业兴趣

中职生进入学校学习后，个人的人格、思维体系迅速发展，如果没有一个具体、明确的目标，就容易产生心理问题。俗话说："既来之，则安之。"中职新生首先要做的就是尽快适应新的环境，适应本专业的学习。

故事导读

马锐是嘉善中专机械专业的一名学生。当初选择该专业是因为家长觉得男孩子不应该读那些文气的专业，像财会、外贸、幼师等。而马锐的各门学科中英语是最好的，语文也是顶尖的，唯独专业成绩弱，几次不想去实训车间上操作课，还曾在入学后的第一个学期多次想要转专业，也想过留一级换其他专业。这样来来回回，浪费了很多时间，专业上也更落后于其他学生了。直到第二学期的中期才慢慢安下心来留在原来的班级、原来的专业。经过高二的夯基础、高三的抓提升，最后不负众望，考上了浙江省该专业最好的职业技术学院。

班主任寄语

马锐起初对专业选择的摇摆不定，其实很多孩子身上都会出现。因为对于刚入学的中职生来说，即将面临的是一段迷茫的适应期，这一阶段对大家来说是一个过程，它既是成长道路的起点，也是人生道路的重大转折点。因此，积极地适应中职校的学习生活是同学们入学后的首要目标。我相信，尽管大家还不太熟悉这个环境，但不适应的感觉很快就会过去，最重要的是在这个过程中要对自己有一个客观的认识和评价，能够接受自我，超越自我，从而接受来自各方面的挑战。

心理导航

舒伯的生涯发展阶段理论认为，中职阶段的孩子处在生涯探索阶段——15岁至24岁。该阶段的青少年，通过学校的活动、社团休闲活动、打零工等机会，对自我能力及角色、职业作了一番探索，因此选择职业时有较大弹性。这个阶段发展的任务是：使职业偏好逐渐具体化、特定化并实现职业偏好。要想实现职业偏好，必然会涉及专业的选择，而专业选择是否合适，与孩子的兴趣、气质、性格等因素有着密切的关系，尤其是兴趣，即一个人力求认识、掌握某种事物，并经常参与该活动的心理倾向。在职业教育的选择中，只有对感兴趣的活动，我们才会比较积极、主动地参与进去。因此，对于处在这个阶段的孩子，在给予一定自主选择和思考空间的同时，需要鼓励他们努力学习本专业，并引导他们在实践中思考、总结适合自己的职业方向。

家教观点

1. 明确的专业学习目标是适应专业学习的前提。让孩子确立一个明确的专业学习目标非常重要，因为中职教育阶段专业学习占整个学习的比例约为50%。

2. 恰当的学习方法是适应专业学习的关键。让孩子探索出适合自己的学习方法，以创新的学习思维去学好本专业。专业学习是中职学生学习生活中最重要的一部分，它关系到将来的职业选择，专业学习的优劣会直接影响到未来工作的出色与否。

3. 技能训练是孩子融入专业学习的有效途径。有意识地进行适应择业需要的实用技能训练，不仅能让孩子融入专业学习，而且也能让孩子提早进入职业角色。

亲子互动

如何帮助孩子适应专业学习呢？

1. 与孩子一起确定专业学习目标。学习目标可以分为大目标和小目标。大目标可以是总目标，小目标可以是每个学期的目标或者是每个小科目的目标。目标的高低可以通过咨询老师、参照孩子自己的能力而定。

2. 根据专业需要来帮助孩子调整学习态度和方法，这是尽快适应中职校学习的一条途径。入学时可以不急于投入学习，而是家长和孩子一起通过各种途径先行了解所学专业的优势、前景、职业要求，以及学校的有关政策、基础条件和教学服务设施等，然后再结合自己的特点和需要，为自己制定明确而详尽的毕业目标、学习策略和学习方法。

3. 经常了解孩子在校技能学习的情况，鼓励孩子参加国家有关职能部门组织的“考级”、“考证”活动以及各种专业技能大赛。

第四节 指导孩子规划职业生涯

老子曰:“合抱之木,生于毫末;九层之台,起于垒土;千里之行,始于足下。”中职生正处于职业生涯的起步阶段,从进入中职校的第一天开始,每个学生都已经站在了职业生涯的起跑线上。那么,如何规划自己的职业生涯,不让自己输在起跑线上,是每个学生必须思考的问题。

故事导读

在一本名为《无限的能力》的畅销书中，提到了这样一个例子：1953年有人对耶鲁大学应届毕业生进行了一项问卷调查——“你毕业后的目标是什么？”统计的结果是只有3%的学生有明确的目标，97%的学生基本上没有明确的目标。20年以后，有人去追踪所有参加了该项调查的学生的现状，结论令他们大吃一惊：那3%的人所拥有的财富的总和，比97%的人所拥有的财富总和还要多得多。调查者万万没有料到：20年前只是有无目标的差别，20年后却形成了如此大的差异！

班主任寄语

上面这个故事告诉我们，一个人有没有人生的目标、对自己的未来有没有进行规划，至关重要。这也深深地印证了那句发人深省的名言：你今天站在哪里并不重要，但是你下一步迈向哪里却很重要！现在的家长们都十分重视培养孩子，希望孩子能成才。只是孩子成才不仅需要家长关心、孩子自己努力，还需要家长和孩子共同设计。培养孩子，好比盖大楼，盖楼之前，需要有一张设计蓝图，这张蓝图就是对孩子的人生规划。

心理导航

生涯是生活中各种事件的演进方向和历程，统合了个人一生各种职业和生活的角色，由此表现出个人独特的自我发展组型。生涯是人生自青春期至退休之后，一连串有酬或无酬职位的综合，除了职位之外，还包括任何和工作有关的角色，如：副业、家庭和公民的角色等组合。对年轻人而言，职业选择是否适合，将影响其将来事业的成败以及一生的幸福。规划不是僵化的固定程序，制定者先要了解自己的兴趣和能力，并对相应的职业有一定的认识，然后在这一基础上，制定适当的职业生涯规划。它遵循生成性原则，有必要根据自身实际及社会发展趋势，把理想目标分解成若干可操作的小目标，灵活规划自我。职业生涯规划以已有的成就为基础，帮助制定者确立人生的方向，提供奋斗的策略从而重新认识自身的价值并使其增值，增强制定者的职业竞争力，将个人、事业与家庭联系起来。

家教观点

1. 客观地认识自己是做好职业生涯规划的前提。科学的职业生涯规划，必须是在充分且正确地认识自身条件的基础上进行。分析自身条件即对自己的兴趣、性格、学识、技能等因素进行分析。

2. 了解职场是做好职业生涯规划的基础。科学的职业生涯规划，除了要客观地认识自己外，还必须对外部的职场有充分的了解，详细估量外部环境和可能碰到的困难，力争做到“知己知彼”，在择己所爱、择

己所长的同时择社会所需，理智地进行职业生涯规划。

3. 职业目标的确立是个人事业成功的基础。没有目标，人生就如同驶入大海的孤舟，不知道该驶向何方。只有确立了目标才能明确奋斗的方向，中职生只有在确立职业目标的基础上，结合自己的专业，踏踏实实去做，才能实现自己的目标。

4. 制定行动方案是做好职业生涯规划的关键。正如一场战役、一场比赛需要确定战术方案一样，职业生涯规划的实现需要有切实可行的行动方案。只有制订出切实可行的计划和措施，职业生涯目标才能实现。

亲子互动

请帮助孩子结合自己的专业，制定一份职业生涯规划书。

1. 帮助孩子认识自我

（1）帮助孩子进行自我认识。家长是最了解孩子的人，所以，家长可以对孩子各方面给予一个客观的评价。同时，家长要引导孩子知道别人眼中的自己是什么样的人。

（2）引导孩子进行自我探索。家长可以让孩子通过以下的五个问题来进行自我探索：

用三个形容词来描述你的性格；你最喜欢做的三件事情是什么；写出你最擅长的三个方面；写出你最不擅长的三个方面；在生命中你最重视的是什么。

2. 了解职业世界

（1）家长可以把自己所从事的或者自己了解的相关职业情况告诉孩子；（2）引导孩子通过网络等方式了解与孩子所学专业相关的职业现状；（3）观看各行各业成功人士的传记或者讲座；（4）鼓励孩子通过打工等方式，自己亲身去实践、体验。

3. 引导孩子确立职业目标

在帮助孩子确立职业目标时，家长应充分了解孩子的兴趣、爱好、特长和技能等，并让孩子明白职业目标确立时，既要将职业目标与自己的实际相结合，同时，还要考虑到社会发展的实际等客观条件。在这个问题上，家长和孩子的意见难免会产生分歧，这时候家长应该帮助孩子进行综合分析、判断和选择，与孩子一起平等地研究和探讨，而不是居高临下地指挥孩子何去何从。

4. 引导孩子制定行动方案

在孩子对自己有了全面认识的基础上，家长要帮助孩子制定职业生涯规划的行动方案，并在行动中，引导孩子不断加深对自己的认识，调整目标和计划，使孩子的职业生涯规划更完善。

第二章
道德与礼仪

第一节 重视培养孩子的职业道德

荀子曰:“凡百事之成也,必在敬之;其败也,必在慢之。”职业道德,是从事一定职业的人在职业生活中应当遵循的具有职业特征的道德要求和行为准则,其基本要求有:爱岗敬业、诚实守信、办事公道、服务群众和奉献社会。职业道德是从业者的从业之本,是职业成功的必要保证。

故事导读

小王和小李是一个村长大的朋友，毕业于同一所中职学校，后又在同一家公司上班，从事同样的工作，但他们对职业道德的认识与接受的训练不同。

小王在学校读书时就严格遵守学校的各项规章制度，工作后，他严格遵守公司的各项规章制度，对于岗位职业道德规范身体力行，工作扎扎实实，业务日益纯熟，业绩连年创优，很快他就成为业务骨干，三年后还被提升为车间副主任。

小李在校时就对学校的规章制度很排斥，认为规矩太多，扼杀了自己的个性，约束了自己的自由。参加工作后又总是马马虎虎、大大咧咧，经常出一些小差错，有一次还差点酿成事故，同事们对他意见很大，公司领导多次批评无果，只好将他辞退。

班主任寄语

小王的成功和小李的失败告诉我们：良好职业道德的养成对于中职学生的成长是至关重要的。人的素质是多方面的，职业道德素质是从业人员的首要素质，从业人员的敬业精神、进取精神、人际关系、合理的知识结构及做人的品质等素质对其职业的稳定、职务的升迁、收入的增加有着高度的关联。职业道德素质高的人，能够获得更多的发展机会和更大的发展空间，创造更好的成绩。所以，家长想要让自己的孩子将来事业有成，就一定要重视提升孩子的职业道德修养。

心理导航

社会心理学认为：人的行为可以通过观察学习过程获得。但是获得什么样的行为以及行为的表现如何，则有赖于榜样的作用。榜样是否具

有魅力、是否能够起到激励作用、榜样行为的复杂程度、榜样行为的结果和榜样与观察者的人际关系都将影响观察者的行为表现。父母在自身的岗位上所体现出爱岗敬业、诚实守信等良好的职业操守和品质，孩子会从他平时观察中受到感染，认识到爱岗敬业是一种美德和工作态度，指导他平时生活、学习，并养成良好的行为习惯，继而从意识和潜意识层面促进孩子“坚韧、正直、公平、责任、谦卑”等积极心理品质的形成，助其在将来工作岗位中，也能体现出良好的职业道德和职业素养。因此，家长在工作中，凭借良好的职业道德和不断培养的职业素养，在工作中不断实现个人价值，对孩子职业道德意识的形成也起着举足轻重的作用。

家教观点

1. 家长的职业行为对孩子会产生言传身教的作用。家长在自己的工作岗位上，是否严格遵守单位的各项规章制度，工作是否兢兢业业，恪尽职守，勇于开拓，善于创新，对企业、社会有无奉献精神等职业道德品质对孩子将来的职业态度会产生潜移默化的影响。

2. 塑造孩子优良的职业品质对孩子未来职业的发展至关重要。根据职业道德的特点和内容要求，优良的职业品质包括有勤奋认真、热情忠诚、坚强自信等良好品性；反之，懒惰马虎、冷漠虚伪、自卑自贱等都是不良的职业品质。塑造优良的职业品质，是培养职业道德素质、形成自觉遵守职业道德意识和行为的基础，也是所有职业要求从业者应具备的内在素质，这些优良的职业品质也关系到一个人事业的发展。

3. 社会实践活动是良好职业道德养成的重要途径。实践是职业道德修养的根本途径，我们要注意在实践中培养孩子良好的职业道德品质，形成良好的职业道德和职业行为习惯。

亲子互动

1. 家长应该给孩子做好表率。家长要想培养孩子具有良好的职业道德素养，首先自己要有良好的职业行为习惯。例如，对自己的本职工作认真负责、从不违反工作纪律、有奉献精神等。

2. 家长平时要注重培养孩子优良的职业品质。良好职业道德的养成，首先需要培养孩子具备优良的职业品质，而这些职业品质的培养要从一点一滴开始，所以，平时的生活中家长应要求孩子做事要勤奋认真、要有责任心等。

3. 家长要让孩子多参加实践活动，如：到社区做义工，帮助村里或敬老院的老人打扫卫生、洗衣服、修理电器等，可以培养孩子的服务奉献意识；利用寒暑假打工，让孩子亲身体验所从事工作在职业道德方面对员工的要求，可以帮助孩子自觉加强自身职业道德养成训练，养成良好的职业行为习惯。

4. 与孩子一起制定一份假期“体验生活、体验职业”的勤工俭学计划。

(1) 帮孩子选择与孩子专业相关的可短期工作的岗位，如：财会专业的同学可以到超市做短期的收银员，旅游服务专业、商务英语专业的可以到超市或商场做导购等。

(2) 和孩子一起查阅该工作岗位在职业道德方面的要求，查阅的途径有：网上搜索，到应聘单位了解相关的劳动纪律和规章制度等。

(3) 与孩子一起确定此次勤工俭学计划在提升职业道德方面的目标。

第二节 职业礼仪显素养

《尚书》中说："满招损，谦受益"。在当今社会，无论是教授、学者，还是商人、百姓，凡事都强调"游戏规则"的重要性，而这，其实就是最起码的道德规范。我们所讲的职业礼仪就是在道德规范的基础上按照理所当然的规律来做事，是特别值得褒扬的，是一个人追求幸福的必经之路。

故事导读

一家大型集团公司要为某部门招聘一名经理助理。人力资源部许总和该部门经理在面试了众多的应聘人员后，最终录用了一名并不起眼的女孩子。一位落选的朋友不甘心地问：“你能说说为什么要录用她吗？难道她是有人推荐的？或是带了什么介绍信？”许总说：“她倒还真是没有人推荐，但是介绍信么，确实有！”这位朋友瞪大了眼睛：“还真的有带介绍信来啊？难怪！”许总笑着说：“你想多了，她的介绍信是大家都看得见的。你不也看见了吗？她在进办公室前轻敲了三下门，进门时随手关门；进了办公室，她先取下了太阳帽和墨镜；回答提问时自信、果断；别的应聘者进来后都直接从门口倒地的扫把上跨过去，而她却顺手扶起了扫把。她穿戴整洁，指甲干净，淡妆适宜，满脸微笑……这些细节便是谨慎、礼貌、有教养的代名词，在我看来，这是最有力的介绍信，不是吗？”

班主任寄语

上面故事中这位不起眼的小女孩的成功，让我们深深地认识到：在中职校的学习生活中，我们的孩子开始接触不同的专业。此时，除了理论知识和专业技能的学习外，较为重要的便是职业礼仪的渗透和素养提升。要知道，这不仅关系到孩子能否在学成后顺利进入自己心仪的企业工作，而且还直接关系到孩子将来是否能很好地适应所在企业的职场环境、能否有一个较好的职业发展。

心理导航

社交心理学认为大多数社交活动都有其显著的心理目的，比如借

助于身体语言等相关心理学互动策略，强化自身优雅的人格魅力，并激起对方良好的社交心理反应，从而达到给对方留下好印象、赢得对方认可、传递积极情感等效果。任何礼仪都应该在对方的心理上产生愉悦之感。那些教条式的、僵化的礼仪形式未必就是真正得体的行为，事实上也无法达成最有效的交往效果。同时，学习社交礼仪有利于提高社会心理承受力。一个具有良好的心理承受力的人，在交际活动中遇到各种情况和困难时，都能始终保持沉着稳定的心理状态，根据所掌握的信息，迅速采取最合理的行为方式，化险为夷，争取主动。相反，一些心理承受能力差的人，在参加重大交际活动前，常会出现惊慌恐惧、心神不定、坐立不安的状况，有的甚至会出现心跳加快，四肢颤抖，说话声调失常的现象。学习社交礼仪教育，不仅可以满足你走向社会的需要；而且，还可以培养你适应社会生活的能力，提高你的社会心理承受力。

家教观点

1. 良好的职业礼仪能体现一个人自身的魅力。职业礼仪作为一个人内在修养和素质的外在表现，在无形中显示着一个人的优雅与魅力。

2. 学习礼仪能提高孩子的社会交往与传播能力。在社会交往与信息传播的过程中，懂得尊重、待人友好、善于沟通的孩子一定拥有极强的礼仪功底，而他们离成功的距离也会更近一些。

3. 拥有良好的礼仪素养可以让孩子更好地适应各种环境。每一个人都喜欢与彬彬有礼的人接触，一个彬彬有礼的人也更受不同环境中各个群体的欢迎，当这样的和谐成为一种习惯，那么，孩子适应环境的能力便在不知不觉中得以形成。

亲子互动

良好职业礼仪的塑造需要从日常生活中的点滴做起。那么，让我们马上和孩子一起来制订一份“礼仪成长计划”吧！

1. 让孩子说说自己对职业礼仪的认识，了解孩子对自身礼仪素养的满意程度。

2. 和孩子一起讨论制订“我的礼仪成长计划”。如：改变语言习惯、不讲脏话、开始塑形正姿等，用自己的礼仪素养去影响周围每一个人。

3. 做好具体安排。① 在家应做到：外出或归来主动与亲友、长辈打招呼；说话和气，不大声争吵；用餐时先请长辈与客人入座等；② 在学校应做到：主动向同学、老师问好，遵守课堂、课间纪律，上学或放学路上遵守交通法规等；③ 走亲访友时应做到：对主人的招待要及时道谢，未经主人允许不擅自取用或带走主人的物品，拜访结束向主人热情道别等；④ 外出旅游、休闲时应做到：垃圾入袋、痰物入纸，规范如厕并随手按下冲水钮，摄影取景文明合规等；⑤ 实习下企业时应做到：准时到、不早退，有工作服时穿工作服上岗，学习中多谦虚少自大，与同事相处时多谦让少自我等。

第三节
让遵纪守法之花开在孩子心中

《孟子·离娄章句上》说:“不以规矩,不能成方圆。”现代社会是法治社会,法律面前人人平等。自觉学法、守法、用法,维护法律的尊严,是每一位公民应尽的职责。中职学生既要具备良好的思想道德素质,也要具备相应的法律素质,要树立“以遵纪守法为荣,以违法乱纪为耻”的观念,要学会用法律来维护自己的合法权益,做一名知法、懂法、守法的合格公民。

故事导读

2005届中职机电专业毕业生小宋通过招聘会进入一家模具公司，当小宋提出要与公司签订就业协议书时，公司表示不会与小宋签订任何书面协议，甚至不愿签订劳动合同。当时该公司给小宋的口头承诺是：月薪4 000元，外加年终奖和分红，小宋觉得公司给出的薪水不错，就同意了公司的做法，按公司的要求，只签订了一份工作合同。

一个月之后，小宋大呼上当。他的月薪确实是定在了4 000元，但是在工作中他经常违反合同上的“霸王条款”。例如，迟到一次罚款500元；在食堂吃饭，有剩饭、剩菜罚款100元。结果，他一个月工作下来，扣掉各种罚款，实际发到手里只有可怜的三四百元钱。小宋决定辞职不干了，可老板却拿出工作合同，要求他交8 000元的违约金。小宋说，当初谈的时候可不是这么说的，老板则表示，请拿出证据来，小宋愕然。事后，小宋多次找公司老板理论未果，气愤的小宋便决定进行报复，他在一批工件的加工过程中，故意改换数据，导致公司生产的一批螺钉变成了废品。

相关法条参照：《劳动合同法》第十条：建立劳动关系，应当订立书面劳动合同。已建立劳动关系，未同时订立书面劳动合同的，应当自用工之日起一个月内订立书面劳动合同。用人单位与劳动者在用工前订立劳动合同的，劳动关系自用工之日起建立。

班主任寄语

案例中的小宋之所以会上当受骗，主要原因就是他对国家相关的法律法规不了解，类似小宋这样的案例在中职毕业生中比较常见。中职生是未来国家建设的重要力量，但由于种种原因，他们在守法和维权方面的意识比较淡薄。在实际生活中，会出现行为失范和不懂得运用法律武器来维护自身的合法权益的现象。要改变这种现状，就需要得到全社会各个方面的努力，其中家庭的作用尤为重要，家长应当教育和帮助孩子维护自己的合法权益，增强孩子的法制意识和自我保护的意识及能力，增强社会责任感。

心理导航

认知心理学认为，意识的形成是一种最高级形式的适应，它通过图式（即认知结构式，具有对客体信息进行整理、归类、改造和创造的功能，以使主体有效地适应环境）、同化（是主体将环境中的信息纳入并整合到已有的认知结构的过程）、顺应（是当主体的图式不能适应客体的要求时，就要改变原有图式或创造新的图式，以适应环境需要的过程）、平衡（是主体发展的心理动力，是主体的主动发展趋向）这一主动建构形成。青少年时期是自我意识发展和形成的关键时期，在形成法律意识的过程中，需要家长不断引导青少年形成正确的图式，通过同化和顺应不断修正不合理的观念，形成正确合理的观念，达到既适应社会，又保护自己动态平衡的目的。反之，学生可能出现观念偏差，树立错误的自我保护意识，平衡被破坏，出现社会适应不良，或是产生心理偏差的后果。因此，家长应当引导和帮助孩子维护自己的合法权益，增强孩子的法制意识和自我保护的意识及能力。

家教观点

1. 家长对孩子的引导和示范作用对孩子形成正确的法律意识非常重要。父母是孩子的第一任老师，家长每一个微小的行为都是孩子的活教材。孩子耳濡目染，受父母和家庭潜移默化的影响。如果家长不具备较高的法律素质，或者家长自己就是法盲，那么在这样的家庭法制环境中，子女的法律意识很难增强，其家庭教育就可能产生负面效应。因此，家长法律素质的高低对子女的法律意识的培养至关重要。另外，青少年时期也是孩子的法律意识发展和形成的关键时期，这个时期家长在生活中要注重对孩子的引导和示范，使孩子形成正确的法律意识。因此，在平时的工作和生活中，家长要做到学法、懂法、守法和用法，给孩子做好榜样。例如：遵守交通法规、不参与赌博、与他人产生纠纷懂得利用法律的方式来解决等。

2. 培养孩子遵纪守法的意识要从一点一滴做起。让孩子养成遵纪守法的意识不是靠一朝一夕，而是要贯穿于孩子整个成长过程中。正所谓勿以善小而不为，勿以恶小而为之。尤其在平时的生活中，家长是否注重孩子责任意识、规则意识等的培养，是否教育孩子懂得遵纪守法的重要性，引导孩子远离违法犯罪，是孩子养成遵纪守法的好习惯的关键。

3. 家长平时注重培养孩子的维权意识和能力将有利于孩子今后更好地融入社会。职业教育是以就业为导向的，大多数中职生在校经过两三年的学习后，就将踏上自己的工作岗位、走向社会。但是由于他们年龄较小、法律意识淡薄、社会阅历不丰富等，所以初次步入社会时，经常会出现自己的合法权益被侵害、不会用正确的方式处理工作和生活中遇到的问题等情况，这些都严重影响了他们未来的发展。所以，家长平时注重培养孩子的维权意识和能力将为孩子今后更好地融入社会奠定基础。

亲子互动

1. 家长和孩子一起了解和学习一些与将来工作和生活密切相关的法律，如：《宪法》、《教育法》、《职业教育法》、《民法》、《未成年人保护法》、《消费者权益保护法》、《刑法》、《劳动法》等法律条文，帮助孩子认识到增强遵纪守法的重要性，增强遵纪守法的自觉性。

2. 结合生活中的具体案例，教给孩子维护自己合法权益的正确方法和途径，如：协商、和解、仲裁和诉讼等，并让孩子懂得用合法的方式来解决生活中遇到的纠纷的重要性。

3. 利用网络，查阅与《合同法》相关的资料，结合身边的具体需要，与孩子一起拟定一份合同，引导孩子学会利用《合同法》来维护自己的合法权益。

第四节 培养孩子的就业和创业能力

所谓“思路决定出路”，生活、工作没有思路不行，组织、管理没有思路不行，企业经营没有思路不行……有思路就有出路，有思路才能有更大的发展。选择了专业学习的中职学生，我们要在现实中突破思维方式，克服心理与思想障碍，确立良好的解决问题的思路，从而开启人生的成功之门。

故事导读

宋伟强，2005年毕业于嘉善中专。毕业后的第一年，他来到惠民电子厂上班，在上班的过程中，宋伟强开始思考企业管理与自己创业等实际问题。都说“心动不如行动”，第二年，宋伟强便着手开始了他的第一个创业计划——经营一家溜冰场。如今，他的梅谷溜冰场越开越好，知名度也越来越高。而溜冰场的成功也为他攒到了创业后的第一桶金！

第三年，他与朋友合伙创办了嘉善世爵台球俱乐部。但由于市场因素和经营不善等原因，俱乐部在营业五个月后倒闭，他的第二次创业失败了。当时算来，短短五个月，亏损了将近80万元人民币。不仅将溜冰场所赚到的钱都赔进去了，还欠下了20万外债。痛定思痛，宋伟强没有泄气，他在家整整休养了3个月，彻底整理了自己的思绪，在总结教训后，他决定在认真经营溜冰场的基础上再多学习一些创业与企业管理、经营方面的知识。

经过几年的沉淀及多次的考察后，他于2011年以合伙创业的方式在杨庙成立了嘉善富荣厂，并担任该厂的总经理。当嘉善富荣厂在经营了一年、形势趋于稳定后，他乘势而上，又在2012年同样以合伙创业的方式在下甸庙成立了嘉善林鑫金属制品厂，并担任了法人代表。这样的创业经历大有一发不可收拾的势头，一年后的2013年，宋伟强再次以合伙创业的方式在天凝成立了嘉善凝顺水泥制品厂和富荣桩帽厂。从溜冰场、台球俱乐部到后来的三家工厂，在创业的过程中，宋伟强尝到了成功的滋味，也有过失败的泪水。现在他已经在创业中成长并获得了成功，他的几家企业也正在向着更好方向发展着。我们相信，在他执着的创业精神带动下，他和他的企业一定会越来越好！

班主任寄语

“时间就像一张网，你往哪里撒，你的收获就在哪里。”宋伟强的成功，给了我们很好的启示：一个人的就（创）业能力将关系到他未来事业的发展。不久的将来，我们的孩子就将走出校门、踏上社会，当那一刻来临时，不管是选择就业还是创业，我们都希望孩子能有发挥个人特长与潜能的机会。相信，只要孩子利用好了“时间”，撒对了“网”，那么“收获”的季节一定会早早到来。

心理导航

创业是一种受个体心理支配，并通过自身活动所表现出来自发的、积极的行为。需求、动机和兴趣等心理因素是创业行为能否发生的重要前提，意志、情绪、智力和人格等心理因素是创业能否成功的关键。毋庸置疑，创业是艰难的，是对个人整体素质的检验，尤其是对人心理品质的考验。创业心理品质是指创业者在创业实践过程中对其心理和行为起调节作用的个性心理特征。心理学认为，个体的心理品质包括认知、情绪和动机，以及能力和人格三个方面。良好的品质在创业过程中起着调节、定向的作用。首先，创业的认知不仅影响创业的过程，而且影响创业的绩效；其次，情绪情感在创业过程中往往起到一种情景渲染的作用，动机和意志对创业行为与创业目标具有调节作用；最后，能力和人格则是创业意识、创业行为的心理基础。所以，在孩子的求学过程中，我们家长要有意识地从以上三个方面培养孩子的创业心理品质。

家教观点

1. 增强就创业竞争意识是成功的前提。

在步入社会前，就要做好参与竞争的思想准备，根据自身所学专业来了解（测评）周边的市场环境，主动寻找就（创）业市场，努力培养就（创）业竞争意识。同时，中职生要加强对自身的职业素养的培养，积极打造自己的竞争实力。有了这种竞争实力，才能在竞争社会中立足，顺利实现自己的就业愿望。

2. 增强就业竞争实力是成功的核心。

中职生要在就业前积极储备自身从事某种职业劳动的技能与知识，有效发挥自己的特长与能力，提高自身的综合竞争力。主要包括：基础素质（职业素质）、职业技术特长、自身潜在能力、终身学习能力等。

3. 树立创业信心是成功的保障。

一个具有强烈创业意识又具备专业技能实力的中职生，如果能同时拥有创业的信心，那么就可以跨出创业的第一步了。只要走出了成功的第一步，那么离真正的成功也就不远了。

亲子互动

坐下来，听听孩子自己的就（创）业计划，一起设想一下孩子走出校门踏上社会后的美好画面吧！

1. 听一听孩子对自己专业的认识和未来工作的想法。

① 当出现想法不一致的时候，要与孩子做好沟通，帮助孩子分析就（创）业的条件，积极协助孩子创造就（创）业条件，在合适的时候再实施就（创）业计划。

② 如果与孩子的想法一致，就应该第一时间鼓励孩子放心、大胆地去实践，借着热情，一鼓作气，同时为孩子的就（创）业过程做好谋划和后勤保障工作，让孩子在就（创）业过程中少走歪路、少碰壁。

2. 表达自己作为家长对孩子将来工作的建议与看法，交换各自的观点；激励孩子学好专业课，关注孩子的专业技能操作水平，让孩子多参加校内外各级各类的创业比赛。

3. 多与孩子的班主任及任课老师沟通，实时了解孩子的学习状况。鼓励孩子参加相关的技能比武，培养并提高孩子的自信心。

第三章
生活与消费

第一节
沟通点亮孩子的心灯

《礼记·学记》中说:“知其心,然后能教其失也。”这句话是指教育者要了解被教育者的思想,然后才能挽救他的过失。父母与子女的沟通也是如此。

故事导读

小文是住校生，平时在学校学习一周，回到家已是星期五晚上，周六、周日在家休息两天。可回到家后的两天，小文一本书也没带回去，并且每周双休就知道在家上网打游戏，打到深夜。后来，家长发现小文技能等级考试没通过，于是要求他每周必须把技能等级考试没过的那门专业书带回来复习。小文虽然不乐意，但还是带回来了。但是家长却发现，书虽然带回来了，他还是在偷偷摸摸打游戏，一直玩到深夜。马上补考的日子要到了，家长心里十分着急。于是强行把家里的网线拔掉了。这下激怒了小文："我在学校从周一至周五，每天都在学习，双休日想放松一下自己，你为什么把网线拔掉?"结果家长一听孩子那样说，更恼火了："你等级考试都没过，你还有理了，有本事你不要补考啊，那你怎么玩我都不会管。"孩子一听，拎起书包，头也不回地踹门而出，失踪了整整三天。家长见孩子这样，痛不欲生。好在通过老师的及时调解，小文才与大人互相谅解，达成了和解。

班主任寄语

小文的故事告诉我们，亲子间沟通的重要性。成功的沟通能够拉近家长与孩子的距离，促进彼此关系和谐发展。在亲子沟通过程中，家长应控制好自己的情绪，全面地看问题。要让孩子感受到家长的爱、理解和尊重。

心理导航

人际关系心理学认为，亲子沟通是实现家庭教育功能的重要方式之一，是家庭中父母与子女之间交换资料、信息、观点、意见、情感和态度，以达到共同了解、信任和相互合作的过程。亲子之间通过这样的互动过程，可以影响彼此的态度、情感与行动，甚至改变彼此的互动模式。亲子沟通的质量、状况、方式等将会影响孩子自我概念的建立、道德判断的形成，以及孩子的学业成绩、心理行为问题。父母在孩子的成长阶段扮演着很重要的角色。对子女而言，父母是否能为孩子着想并且在实际行动上达到符合子女身心需求的目标，才能帮助子女茁壮成长，使其成为可以独立自主面对不可知的未来的个体。

家教观点

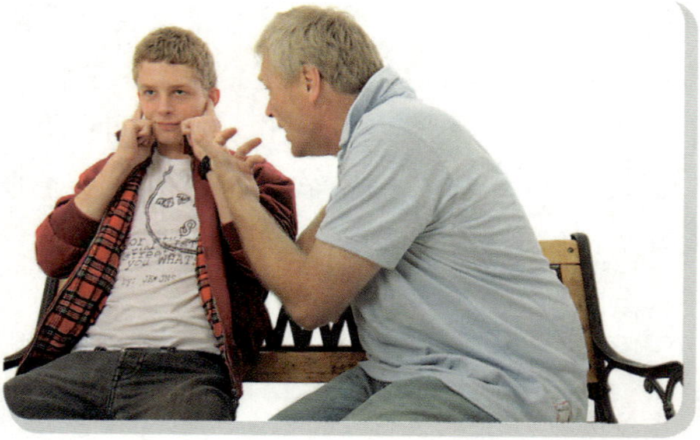

1. 了解孩子是进行沟通的前提。大多数家长因工作繁忙，疏于对孩子的管理。每当要管孩子时，却发现孩子已经不听从管教了，于是家长怒火中烧，最后导致沟通失败。在亲子沟通中，家长最好先了解一下自己孩子当前的状况，只有这样，沟通才会达到理想的效果。可以说了解孩子是进行亲子沟通的前提。

2. 找准时机是亲子沟通的基础。在亲子交流过程中，找准时机是亲子沟通的基础。不必刻意安排时间地点，在孩子感觉身心放松或与孩子闲聊时，都是与孩子沟通的好时机，家长应当抓住时机，适时进行亲子沟通。

3. 讲究技巧是亲子沟通的关键。在亲子沟通中，家长要认真倾听孩子的想法，要适时地给予赞美，家长对孩子适时的欣赏、赞美、鼓励都会增强孩子的自尊心和自信心，同时也能营造良好的沟通氛围。

亲子互动

那么，在与孩子沟通时，我们应该怎么做才能获得自己想要的效果呢？

1. 家长要营造良好的沟通氛围。家长在与孩子沟通时，要学会控制自己的情绪，不可急躁发火。家长与孩子沟通时态度要温和，这样才能营造良好的沟通氛围。例如，在谈话前走近孩子，俯下身，温柔地将手放在孩子肩膀上或者背上。你做这些的时候，表达了三种意思：让孩子听你说话，让他感觉你，关注你。你传递的信息不仅是“听我说”，也是“我很在意和你这次沟通，我相信你能听进去”。让孩子感觉到家长的关爱，从而拉近了与孩子的距离。这毫无疑问为接下来的沟通做好了准备。

2. 家长要学会尊重孩子。在亲子关系中，家长只有学会尊重孩子，孩子才会学着去尊重家长，才能建立良好的亲子关系，进而达到良好的沟通目的，通过沟通慢慢纠正孩子的不良行为。尤其是要去掉家长的“权威”，而是以朋友的身份和孩子沟通。例如，耐心听孩子把话说完，认真和孩子交换意见，并讨论双赢的方案等。

3. 家长在随意中正面管理和引导孩子。在亲子沟通中，家长不必刻意找特定的时间、特定的场所，与孩子一本正经地沟通。家长可以在随意的氛围中，例如，放学的路上，吃饭时……和孩子好好聊聊。在这种氛围下，孩子会比较容易把自己的真实想法讲给家长听，家长也会从中了解孩子的情况，能够有效地对其正面管理和引导。

第二节 提高孩子调节不良情绪的能力

《论语 · 雍也》中说:“ 不迁怒，不贰过。”意思是不将对甲的怒气转移到乙的头上，也不犯同一个错误。这句话指出了控制情绪的重要性。学会调节不良情绪是人走向成功的前提。

故事导读

小明是垂头丧气地走进职高的，本来以他在初中的成绩是完全可以进入普高学习的。当听到父母的抱怨，特别是一想到原本比他成绩差的同学都坐在了高中的教室里，他就有说不出的苦涩，他觉得自己太无能、太失败了。而小明的家庭环境也很特殊，在他读初三的时候，父母离异了，他平时就随父亲生活在一起，周末则到母亲的住处。一年后，父母先后建立了各自的新家庭，这使他感到自己变成了一个多余的人。他开始变得郁郁寡欢，不爱搭理父母了，还时不时找茬，跟父母处处作对，甚至一度离家出走。在校期间他也不参加集体活动了，不和同学交往了，对周围的事情漠不关心，闷闷不乐，脾气暴躁，动不动就发火，蛮横无理，无法和周围同学融洽相处。幸好，在老师和家长的疏导下，他慢慢地从不良情绪中走了出来，并且顺利考上了浙江师范大学。

班主任寄语

小明成长中遇到的烦恼，就是我们通常所说的挫折，所谓挫折情绪是指人们在追求既定目标过程中，遇到了各种干扰和阻力，由于目标不能实现而使人产生的一种消极的情绪状态。中职生经常被不良情绪所缠绕，表现出焦虑、愤怒和抑郁等。对此，家长要及时发现，及时帮助孩子消除和化解，做好沟通、交流和疏导工作，引导孩子合理宣泄，指导孩子走出思想误区，形成积极向上的心态，敢于面对困难和挫折，健康成长。

心理导航

情绪心理学认为，情绪是一种具有动机和知觉的积极力量，它能组织、维持和指导人的行为。积极的情绪会让人产生积极的行为，消极的

情绪会让人产生消极的行为。同时，也有心理学研究表明：人的情绪不是某一件诱发性事件的本身所引起的，而是由经历了这一事件的人对这一事件的解释和评价所引起的。这说明人的情绪其实并不是由我们生活中遇到的事件所决定，而是受到我们对这些事件的想法和看法左右。所以当我们的孩子面对消极事件（挫折）时，关键是要引导孩子对这一事件的认知。不合理的认知往往伴有绝对化、过分概括化、过分悲观的特征。绝对化是指人们常常以自己的意愿为出发点，认为某事件必定发生或不发生的想法。过分概括化则是用一种以偏概全的不合理思维方式的表现，它常常把"有时"、"某些"过分概括为"总是"、"所有"等。而过分悲观则认为如果一件不好的事情发生，那将是非常可怕和糟糕。合理的认知可以引导孩子从一个积极的角度看待事件，继而以积极的情绪面对。

家教观点

1. 正确的自我认知是孩子形成良好情绪的内因。一些孩子过去可能没能得到相应的关爱与照料，反而受到了过多的贬损与责骂，因此缺乏安全感，会因为自己的缺点和不足以及不受重视而感到羞耻、内疚，转而惩罚自己，形成了"我是令人讨厌的"、"我是多余的人"等消极的自我观念。家长要给予孩子更多的关爱，培养孩子正确的自我认知。恰当地认识自我，实事求是地评价自己，是自我调节和人格完善的重要前提，也是孩子形成良好情绪的内因。

2. 和谐的家庭氛围是孩子形成良好情绪的重要外因。家长的抱怨、抑郁会传染给孩子，形成消极暗示。家长之间的关系紧张和矛盾会置孩子于夹缝中，给孩子带来无尽的苦恼和忧郁，因此，家长要为孩子的健康成长营造和谐的家庭氛围。

3. 改变孩子对事物的看法是形成良好情绪的关键。让孩子学习用积极的思考方式代替消极的思考方式，让孩子了解不是人或事引发我们的情绪而是我们对人或事的看法、观念产生了情绪，通过改变孩子对事物的看法，从而调节其不良情绪。

亲子互动

我们应该怎么做才能调节孩子的不良情绪呢？

1. 家长要了解孩子身心发展特点，有意识地帮助孩子调节情绪。家长要学习和了解这一年龄段孩子身心发展的特点，有意识地帮助孩子，当孩子表现出压力太大和情绪问题时，家长要及时给予关注和理解，与孩子共同去面对所遇到的问题。

家长要鼓励孩子放下心理负担，培养孩子积极乐观的心态。每个人在人生道路上都会遇到不开心的事，但是千万不要因此悲伤、有心理负担，要善于丢开“包袱”、轻装前进。在遇到困难心灰意冷时，家长要善于用积极地语言来勉励孩子，如：“事情总会解决的”、“大家都会帮助你的”、“我们全家人都支持你”等，帮助孩子树立积极乐观的人生态度。

2. 家长要掌握疏导孩子不良情绪的方法。只有及时疏导消极情绪，才能避免情绪的积聚和爆发。疏导方法如下：一是倾诉法，即指导孩子向亲朋好友敞开心扉，倾诉内心的悲伤、烦恼和痛苦。二是转移法，即通过转移注意力，调整意识关注的焦点来冲淡消极情绪。三是做深呼吸，通过调整呼吸的频率和深度让自己的情绪平复下来。

如果遇到外界强烈的刺激时，应立即提醒自己“遇事要冷静，生气是自我惩罚，烦恼是跟自己过不去”。这样往往会收到消散阴霾、稳定情绪的效果。

3. 家长要教会孩子管理不良情绪的途径。家长应引导孩子放下思想包袱，培养孩子广泛的兴趣爱好，广交朋友，建立多种“情感驿站”。这样，即使在某一方面遭遇到打击，也可以从其他方面获得补偿，不至于陷入抑郁的心境。

第三节
让孩子学会在生活中负责任

《论语》有云:“躬自厚而薄责于人，则远怨矣。”这句话的意思是说做一个人，重要的是要严格地要求自己，遇事主动承担责任，这样，才不会引起别人的反对和埋怨。家长指导孩子承担生活中的责任也应如此。

故事导读

小玲是中职财会专业毕业的，在她毕业的一年半时间里，始终没有一份稳定的工作。她已经换了四家公司，前不久，第五家公司也解雇了她，原因是她工作不够细心负责，账本经常乱放，经理查账时，常常要翻箱倒柜找很长时间，账簿里的账目也时常做错，马虎大意。小玲在学校里读书时，也时常犯这样那样的错误，轮到她做值日生时，不是黑板忘了擦，就是地扫得不干净，班级也因她这种粗心大意被扣了不少分数。班主任经常教育她，要学会为自己的行为负责，为他人负责，但她还是我行我素。无奈之下，班主任找到了小玲的家长。在与家长的沟通过程中，班主任发现了症结所在——小玲是独生女，家里四个老人都宠着她，无论事情做成什么样子，老人们都会把责任归咎于父母，认为是父母做得不好，才导致孩子没做好，久而久之，小玲无论做什么事，都会认为自己没有责任。由于缺乏责任心，导致小玲在毕业后的工作中不受待见，可见，让孩子在生活中学会负责，有多么重要。

班主任寄语

小玲的故事告诉我们，家长不能过分溺爱孩子，要让孩子勇于承担生活中的责任和义务，这样到了自己独立的时候，才不至于恐慌与无措。大多中职生都存在不愿承担责任和义务的情况。在生活中，孩子是被父母呵护的对象，然而过度的保护会成为孩子今后成长的绊脚石。如果孩子一味躲在父母的保护伞下不思进取，就丧失了自我，丧失了独立能力和创造精神，这样，父母的“爱”就真的成了“害”。

拥有责任心不仅是对人的一种约束，也是一种训练。为了使孩子将来能有所成就，家长就要提早锻炼孩子的“肩膀”，让他来扛起责任，承担对自己、家庭、团体和社会的责任，有了这样勇担重任的“肩膀”，孩子今后才有可能创造更大的成就。

心理导航

社会心理学认为，责任感是一个人对自己，包括国家、社会、集体、家庭和他人，主动施以积极有益作用的精神。一个人如果没有责任感，那他的各方面都会出问题：作为公民注定不会正确行使法律赋予的权利并履行法律规定的义务，作为工作者注定不会取得应有的业绩，作为经营者注定设法损人利己，作为家庭成员注定使这个家庭不幸福，作为朋友注定是个损友，作为同事注定无法好好共事，作为公共场所的一员或路人也注定会常常惹人厌、讨人嫌。没有责任感，甚至能使人发生异化，造成人的个性片面甚至畸形发展，为整个社会所不容，最后走向沉沦、颓废或者成为社会的异己力量，反社会、反人类直至走向毁灭。如果缺乏责任感变成普遍的社会共性时，那么这个社会就无法凝聚力量，社会的长期繁荣和持续发展，以及社会的和谐程度更会受到损害，严重时甚至会使公平、公正的现代社会核心价值观体系崩溃，给国家和社会带来灾难。责任感是人的基本道德规范，在责任感的基础上才能构建整个道德体系的各种元素，没有责任感也就没有公共道德。因此，责任感在人的素质结构中处于核心地位。

家教观点

1. 家长“包办”是阻碍孩子承担责任的重要因素。家长总认为孩子太小，对他们做事不放心。于是，本来孩子可以完成的事情，大人也都大包大揽，完全剥夺了孩子对生活的责任，从而导致孩子无法独立生活，甚至害怕独立生活。

2. 培养独立的生活习惯是孩子学会承担责任的关键。家长要培养孩子独立的生活习惯，让孩子明确自己的事情自己负责。一个愿意为自己、家庭、团体负责的孩子，将来才能做好自己的本职工作。

3. 融入社会是孩子学会承担责任的途径。人都是要步入社会的，而且只有融入社会，才能有机会获得成就。家长就要培养孩子的社会责任感，让孩子遵守社会公德，鼓励孩子参加各类志愿工作、义务募捐活动等，来培养孩子对这个社会的责任意识。

亲子互动

从今天起，让我们家长来帮助孩子做一个有责任心的人吧！

1. 让孩子学会对自己负责。让孩子首先学会照顾自己。自己洗衣服，自己打扫房间，让孩子对自己的生活琐事负责，家长不去操心，相信他们能管理好自己，能对自己的一切事情负起责任来。

2. 让孩子对家庭负责。现在一些家长，什么活都不让孩子做，只想让孩子一心扑在学习上，这样对培养孩子的责任心很不利。让孩子认为作为一名家庭成员，自己和父母一样有责任和义务分担家庭的所有事务，这样能培养他对家庭、对亲人的爱和责任感。放心让孩子帮着做事吧，一个愿意对别人负责的孩子更能对自己负责。

3. 让孩子学会对自己所属的团体负责。孩子经常和一起上课的同学在一起，就是一个小团体。上学时，在班级里有值日小组，在课外有球队、社团等，这些都是孩子所属的团体。有些家长总是怕孩子吃亏，不愿让孩子多负责，告诉孩子在跟同伴玩时不要吃亏等，这些都是在培养孩子的自私自利。家长应该告诉孩子，在团队中多做一些事情，帮助其他的伙伴，尤其是对弱小的伙伴，更要多加照顾。只有孩子具备了这种责任感，才能跟其他伙伴相处得更好，甚至有可能成为一个团队的领导人物。

第四节 帮助孩子树立正确的消费观

古人云:“俭，德之共也；侈，恶之大也。”养成刻苦节俭习惯，可以避奢侈，取道义，去邪心，有利于培养高尚品德和坚韧意志。很多商界巨擘成功的一个重要因素，就是凭借“俭以养德”所塑造的意志力。青少年在羡慕他们丰厚财富的同时，更要学习他们刻苦勤俭的美德。

故事导读

小飞和小清是从小学到高中一直在一个班读书的好朋友。他们俩平时非常要好，相互间也很客气：如果这次小飞请小清吃麦当劳，下次小清就请小飞吃肯德基，一方请吃一次，另一方就请吃两次。两个人虽然家境不同，但是当小飞一见到小清的爸妈给他买了双“李宁”运动鞋，小飞就在第二天穿了一身“耐克”运动装来学校。他们就这样称兄道弟。有一年小清生日，小飞送了一个Mp3随身听，后来小飞生日时，小清就送了个Mp4播放机给他。他们还相互请对方上网吧、去KTV。最后两个孩子的父母（特别是同为普通工人的小飞的爸妈）终于不堪重负，向班主任反映情况，希望帮助他们的孩子。起初，两个孩子对于班主任和家长的合作（限制零花钱，餐费由班主任帮助充入校园卡）很逆反，并不配合，甚至多次以食堂饭菜不好吃为由故意饿肚子。但在班主任与家长近一个月的真诚关心、劝说与坚持下，两个孩子终于认识到胡乱消费的坏处以及父母挣钱的不易。随后，在消费行为上有了明显的改变（受限制的零花钱居然也够花了，有大笔消费总会事先与父母商量并说明理由）。班主任和家长看在眼里，喜在心里。

曾有一位保险专家告诫身边的年轻人，拥有理性的消费观念和一定的财务风险意识非常重要。很多年轻人在消费上一味追求所谓的“品位”、“档次”，难以控制消费的冲动，导致过度消费和攀比消费时有发生。他认为，当今的中职生，需要提前树立理性规划消费的意识，这样才能避免今后为承担消费疲于奔命。

班主任寄语

上面故事中的两位同学正是因为没有树立良好的消费观，所以给家庭造成了负担，而此类情况也存在于我们身边。当我们的家庭生活水平日渐提高，家长对孩子的消费要求也会给予最大程度的满足，在这样的情况下，我们的孩子如果知道“节约好比燕衔泥，浪费好比河决堤”的道理，相信就不会出现像小飞与小清的情况了。要让孩子做到身在优越的环境中也能在内心保有正确的消费观，懂得理性消费与适度消费。

心理导航

消费心理学认为，消费者在进行消费活动时所表现出来的心理特征与心理活动过程大致有以下四种类型：① 从众心理，即入乡随俗，消费行为上的趋同心理，不管这些商品是否是自己所需的，只会一味购买。② 求异心理，这是与从众心理相反的一种心理现象，追求一种与社会流行不同的消费倾向，也不考虑此类商品是否是自己所需的。③ 攀比心理，是指在消费行为上有不甘示弱、相互攀比的倾向。④ 求实心理，是指消费者在购买商品时特别注重商品质量、性能、价格等，即注重功能和实用性等。消费心理学认为，前三种消费心理是属于感情动机，最后一种消费心理则属于理智动机，它注重商品的适用、经济、可靠、安全、美感等，是我们现实生活中最理想、最应该倡导的消费心理。以上四种消费心理在我们中职生中普遍存在，所以家长要在平时的生活中，尤其是在采购商品的过程中，积极引导孩子产生求实的消费心理，但也要注意把握好度，不能过于极端。

家教观点

1. 家长要有正确的消费习惯。

从“无财可理”到“积少成多”是一个需要持之以恒的过程。让孩子建立属于自己的“小金库”计划看似简单，但对于有着强烈消费欲望的年轻人而言，往往需要更有效的理财方式来支持。同时，家长可以用实际行动影响孩子树立正确的消费观。例如，每年少买一个名牌包或者名牌手表，用这些钱去换取一份长期的保险保障。哪个选择更具价值，其实已经不言而喻。

2. 消费前要“三思而后行”。

让孩子在作出一项大额的消费决定之前，不妨冷静地多问自己这样几个问题：这笔开销真的在自己的承受能力范围内吗？我是否已经有足够的资金应对其他生活必需了呢？我的家庭是否需要我去预留一定的应急资金……每次高额消费前，如果能经过这样一系列的理性思考，不断提高风险意识，年轻人将学会更慎重地作出消费决定，避免过度消费或冲动消费。

3. 建立“小金库”可以培养孩子的理财能力。

孩子们身边的钱一般都来自长辈给的零花钱或压岁钱，对于没有收入的孩子或将来初入社会收入不高的职场新人而言，建立储备资金和应急资金两个“小金库”是理性规划消费的关键。可以引导孩子适当储备部分零花钱或3—6个月的打工工资，为自己生活中可能发生的临时小项支出或可能发生的重大支出（比如父母家人突发疾病等）做预留，更是培养自己对父母和家庭的责任感。在确保“小金库”的储备之后，除去日常必需花销，再用余钱来规划其他消费。相信这种具体的规划会帮助孩子有效缓解过度消费带来的心理和经济上的双重压力。

亲子互动

从现在起，和孩子一起设立一本“电子账本”吧！

1. 与孩子商量好每天（或每周、每月）的零用花费，可以在周末或月末根据实际情况考虑给予10%的浮动。以非住校生为例：每周零花钱（早餐及适当的零食）为50元+每周在校中餐费用50（直接冲入校园卡）=100元/周（注：晚餐在家用餐，周末如需消费则另计）。此例中平均每天消费20元，一周100元，一月约400元。在周末或月末如因临时性的必要支出项目有所增加，可给予适当的浮动。

2. 要求孩子把每天的每笔消费都记录在“电子账本”上；家长通过查看“电子账本”及时了解情况并与孩子做好沟通。

① 如果孩子有消费过度的情况可在第一时间了解，听听孩子自己的说法，加以正确的引导。

② 如果发现孩子用得太省，例如，在每餐的餐费中削减费用，家长也应第一时间了解，孩子为什么要在餐费中省钱，是否近期有其他消费计划，又不想问家长伸手要钱。弄清原委后家长可适当考虑进行合理的费用支持或说服孩子取消不必要的消费计划，同时也要提醒孩子注意平时的用餐与饮食均衡，确保健康成长所需的营养。

③ 在每周的账本分析与管理中加强与孩子的沟通，提高孩子的合理消费意识及基本的理财能力。

3. 家长要用正确的消费习惯来影响孩子，同时在孩子的消费情况符合家长要求的前提下，家长可以采取适当的奖励措施，激发孩子合理消费的热情，帮助孩子养成理性消费的习惯。

温馨提示

当我们的孩子步入青春期，他们的思想和生理趋向成熟，有了自己的鉴别能力和独特的想法。他们会努力摆脱父母及家庭影响，用抗拒和叛逆来证明自己，认为可以主宰自己的命运。面对这些处于“青春困惑期”的孩子，家长不必太焦虑，这本身就是孩子成长的必经之路。此时最忌讳家长给孩子的反常行为人为地贴“标签”，认为孩子就是不听话、无法沟通、不识好歹等。

应当告诉孩子“先做人，再做事”的道理，帮助孩子确立正确的价值观，让他们能敢于承担责任。作为家长，首先，要给孩子提供良好的学习环境，营造温馨、关爱、和谐的家庭氛围，让孩子拥有一个良好的心态；其次，做一个倾听者，让孩子把想法和过程讲述清楚，再帮他理清思路，沟通、说服；再次，塑造孩子健全的人格，培养孩子的独立能力。

我们都喜欢听话的孩子，可孩子决不能因为听话而没有了自己的思想，最好的“听话”是让孩子学会与父母形成良好的合作和互动，并让这种关系成为家庭的凝聚力。普天之下，没有哪个父母不爱自己孩子的，可真正的爱是三缄其口，多鼓励，少谴责。每一个孩子都是自由的个体，是我们生命中很重要的一个人，我们更无权强制他做什么。家庭教育不是没有底线，而是要把孩子作为一个独立的个体，以朋友式的沟通和交流去引导、去分享，分享他们成长的精彩，分享他们成功的喜悦！

图书在版编目（CIP）数据

中职生家长这样做：家教实战12招/陈刚主编.—
上海：华东师范大学出版社，2015.8
（让家长理解教育）
ISBN 978-7-5675-4075-0

Ⅰ. ①中...　Ⅱ. ①陈...　Ⅲ. ①中职生-家庭教育
Ⅳ. ①G78

中国版本图书馆CIP数据核字(2015)第205534号

中职生家长这样做——家教实战12招

让家长理解教育系列丛书

主　　编　陈　刚
责任编辑　何　晶
装帧设计　徐颖超
封面设计　黄　旭
出　　版　华东师范大学出版社
社　　址　上海市中山北路3663号
　　　　　邮编 200062

营销策划　上海龙智文化咨询有限公司
电　　话　021－51698271　51698272
传　　真　021－51698271

印 刷 者　浙江临安曙光印务有限公司
开　　本　787×1092　16开
印　　张　4.75
字　　数　63千字
版　　次　2015年11月第1版
印　　次　2020年4月第2次
书　　号　ISBN 978-7-5675-4075-0/G · 8630
定　　价　16.00元

出 版 人　王　焰